41, rue de Verdun
94500 Champigny-sur-Marne
Imprimé par Brodard et Taupin
La Flèche (France)
Loi n° 49-956 du 16.7.1949
sur les publications destinées
à la jeunesse.
Dépôt légal : avril 1990

365 DEVINETTES
de toutes les couleurs

Texte de Béatrice SOLLEAU
Illustrations de Jean-Claude BAUER

ÉDITIONS LITO

TABLE

RÈGLE DU JEU

Ce jeu comporte 365 questions :

- 182 questions **vertes**, faciles.
- 183 questions **rouges**, plus difficiles.

Chaque joueur doit répondre à :

– 10 questions **vertes.**

– 10 questions **rouges.**

Les questions **vertes** valent 2 points.
Les questions **rouges** valent 5 points.

Celui qui totalise le plus grand nombre de points a gagné. Il peut, pendant une heure, « en faire voir de toutes les couleurs » à ses adversaires !

QUESTIONS **VERTES**

1. Quelle est la couleur qui se mange ?

---

2. Qu'est-ce qu'un cordon-bleu ?

---

3. Quel est le nom de la princesse qui a les cheveux noirs comme l'ébène, la bouche rouge sang et la peau blanche comme la neige ?

---

4. Quelles sont les couleurs du drapeau français ?

---

5. Comment s'appellent les lutins bleus qui vivent dans des champignons ?

---

6. Qui voit « la vie en rose » :
   – l'optimiste,
   – le daltonien,
   – le myope ?

---

7. Pour dire : « Oui », elle met une robe blanche. Qui est-ce ?

---

8. Dans le ciel, il est violet, indigo, bleu, vert, jaune, orangé, rouge. Qu'est-ce que c'est ?

9. Dans une affaire louche, celui qui est « blanc comme neige » est-il innocent ou coupable ?

10. Le marron d'Inde est-il un fruit ou une couleur ?

11. Noir ou blanc, on le vend en charcuterie. Qu'est-ce que c'est ?

12. Quel est le nom du pigment vert qui colore les végétaux ?

13. De quelle couleur est la célèbre panthère d'un dessin animé ?

14. La bavette est-elle une viande rouge ou blanche ?

15. « Se mettre au vert » est-ce :
   – aller à la campagne,
   – ne manger que des salades,
   – porter des habits verts ?

16. Les Peaux-Rouges sont-ils :
    - des fruits rouges (groseilles, fraises, framboises),
    - des Indiens,
    - des vacanciers qui ont des coups de soleil ?

---

17. Comment s'appelle la mousse blanchâtre qui se forme à la surface de la mer ou à la pointe des vagues ?

---

18. De quelle couleur est l'encre de Chine ?

---

19. Quel est le nom de la plaque percée d'un trou pour y passer le pouce, sur laquelle le peintre mélange ses couleurs ?

---

20. De quelle couleur est la croix d'une enseigne de pharmacie ?

---

21. *Le Grand Bleu* est-il :
    - un film,
    - une recette de cuisine,
    - un avion ?

---

22. De quelle couleur sont les globules sanguins ?

---

23. Quelle est la couleur du maillot que porte le coureur qui est en tête du classement du Tour de France ?

---

24. Comment s'appelle la partie centrale de l'œuf ?

---

25. Quelle est la couleur des sapins en automne ?

---

26. Quel est l'animal qui transmet, dans certains pays chauds, une maladie appelée fièvre jaune :
– un moustique,
– un serpent,
– un crocodile ?

---

27. Dans un jeu de cartes, de quelle couleur est la série « carreau » ?

---

28. « Avoir le cœur barbouillé », est-ce :
    – avoir la nausée,
    – être habillé de toutes les couleurs,
    – avoir un tatouage à l'emplacement du cœur ?

---

29. Quel est le nom du personnage dont l'habit est formé de losanges de diverses couleurs ?

---

30. Selon la chanson, de quelle couleur est « la souris qui courait dans l'herbe, qu'on attrape par la queue et qu'on montre à ces messieurs… » ?

---

31. Comment appelle-t-on les petites taches brunâtres qui apparaissent sur la peau ?

---

32. Comment s'appelle la substance transparente qui recouvre les dents ?

---

33. Quel est le nom du célèbre justicier masqué tout habillé de noir ?

---

34. Comment appelle-t-on un nœud à deux boucles qui se défait lorsqu'on tire l'un des deux bouts libres ?

---

35. De quelle couleur sont les merles ?

---

36. Un bleu de travail est-il :
– un vêtement de travail,
– un bureau,
– un tablier ?

---

37. Au carrefour, quel est le feu qui permet le passage des voitures ?

---

38. Dans un jeu de cartes, de quelle couleur est la série « trèfle » ?

---

39. Un rire jaune est-il :
– un fou rire,
– un rire forcé,
– un rire découvrant des dents très sales ?

---

40. Que dit-on d'une peur très forte, qu'elle est :
- violette,
- rouge,
- bleue ?

41. Sur quel instrument de musique trouve-t-on des touches noires et des touches blanches ?

---

42. Quelle est la couleur de l'espérance ?

---

43. De quelle couleur sont les idées lorsqu'on est triste ?

---

44. Le bouton-d'or est-il :
– une médaille,
– une fleur jaune,
– une pierre précieuse ?

---

45. Un roman noir est-il :
– un roman policier,
– un roman africain,
– une histoire qui se passe la nuit ?

---

46. Le pourpre est-il une couleur :
– rouge,
– jaune,
– verte ?

---

47. Comment appelle-t-on les contractuelles qui portent un uniforme du même bleu qu'une fleur ?

---

48. Qu'est-ce qu'un marron glacé :
- une couleur froide,
- un marron couvert de givre,
- une châtaigne confite dans du sucre ?

---

49. Un petit-gris est-il :
- un écureuil,
- un bonbon,
- un papillon ?

---

50. Quel est le reptile qui change de couleur selon l'endroit où il se trouve ?

---

51. Quelle est la fleur des champs la plus rouge ?

---

52. Avec quel instrument applique-t-on la couleur sur un tableau ?

---

53. Que signifie l'expression : « Passer une nuit blanche » ?

54. Gris-Nez est-il :
– un chef indien,
– un cap
– un ours ?

55. Comment appelle-t-on le fard que les femmes se mettent sur les lèvres ?

56. Quel est le légume vert qui donne de la force à Popeye ?

57. « Ventrebleu » est-il :
– un ours polaire,
– un volcan éteint,
– un juron ?

58. Quel est l'oiseau qui a la gorge rouge ?

59. On le boit noir ou crème. Qu'est-ce que c'est ?

60. Qu'est-ce qu'un teint blafard ?

61. De quelle couleur est le fruit du houx ?

---

62. Qui chante : « Noir c'est noir, il n'y a plus d'espoir... » :
– Vanessa Paradis,
– Johnny Hallyday,
– Dorothée ?

---

63. De quelle couleur est la crème Chantilly ?

---

64. Il a un habit rouge bordé de blanc et distribue des cadeaux. Qui est-ce ?

---

65. Comment appelle-t-on le bleu foncé semblable au bleu des uniformes de la marine ?

---

66. Les étoffes à carreaux de couleurs alternées sont-elles :
– des étoffes finlandaises,
– des étoffes écossaises,
– des étoffes bretonnes ?

---

67. Que signifie l'expression : « Regarder quelqu'un dans le blanc des yeux » :
– faire comme si on ne l'avait pas vu,
– le regarder bien en face,
– lui lancer un regard méchant ?

68. La langue verte est-elle :
– le langage des paysans,
– un dialecte indien,
– l'argot ?

69. Un rouquin est-il :
– un homme aux cheveux roux,
– un poisson rouge,
– un alcool à base d'orange ?

70. L'outremer est-il :
– un bleu azur,
– un vert océan,
– un jaune citron ?

71. C'est un métal précieux, jaune brillant. Quel est son nom ?

72. Quel est le sommet le plus élevé d'Europe :
- le mont d'Or,
- le mont Tendre,
- le mont Blanc ?

73. Que signifie l'expression : « Dire quelque chose de but en blanc » :
– le dire brusquement, sans ménagement,
– devenir tout pâle en parlant,
– bégayer ?

---

74. Le pic vert est-il de la même famille que le pic noir ?

---

75. De quelle couleur est le drapeau qu'agitent des assiégés qui demandent à capituler ?

---

76. Quel est le surnom de la princesse qui demande à son père une robe couleur du temps, une robe couleur de lune et une robe couleur de soleil ?

---

77. Laquelle, de la piste verte ou de la piste noire, est la plus difficile à descendre ?

---

78. Quelle est la ville du Vaucluse qui porte le nom d'une couleur et d'un fruit ?

---

79. Quel est le nom des oiseaux au plumage rose qui vivent en Camargue ?

---

80. Comment appelle-t-on l'appareil qui enregistre la consommation d'électricité dans certaines maisons ?

---

81. Quelle est la boisson à l'eau qui est généralement verte ?

---

82. Qu'est-ce qui donne au corps la couleur du bronze ?

---

83. Quelle est la couleur la plus obscure ?

---

84. Quel mot désigne à la fois une couleur et un poisson ?

---

85. La méthode rose est-elle :
    - une méthode pour les jardiniers,
    - une méthode pour les peintres,
    - une méthode pour les débutants au piano ?

---

86. De quelle couleur est le pompon sur le béret des marins ?

---

87. De quelle couleur est un ciel plombé ?

---

88. Quel est le nom du ragoût de viande blanche dont la sauce est blanche ?

---

89. Quelle est la forêt la plus sombre ?

---

90. Dans la signalisation routière, que signifie le panneau rond, rouge, avec un rectangle blanc au milieu ?

---

91. Quel est le nom du cruel châtelain à la drôle de barbe qui figure dans un conte de Perrault ?

Vertes

92. Quelle est la couleur de la tenue de campagne de nombreuses armées ?

93. Comment obtient-on du beurre noir ?

---

94. Quel est le crustacé qui rougit quand on le plonge dans l'eau bouillante ?

---

95. Comment s'appelle la carte mensuelle qu'utilisent les Parisiens et les banlieusards pour leurs déplacements ?

---

96. De quelle couleur est l'ébène, bois de l'ébénier ?

---

97. De quel animal l'ambre gris provient-il :
– l'âne gris,
– la fourmi,
– le cachalot ?

---

98. Quelle est la couleur des vêtements de deuil en France ?

---

99. Le bleu d'Auvergne est-il :
– une rivière,
– un fromage,
– un site touristique ?

---

100. « Noircir du papier », est-ce :
– le brûler,
– écrire,
– peindre ?

---

101. Que dit-on d'un vieillard encore plein de vigueur, qu'il est encore :
– coloré,
– rouge vif,
– vert ?

---

102. Le gros rouge est-il un bon vin ou un vin ordinaire ?

---

103. Quelle est la pierre précieuse qui est d'une belle couleur verte :
– le rubis,
– l'émeraude,
– le diamant ?

---

104. Quelle était la couleur des cheveux de Poil de Carotte, l'enfant souffre-douleur, dans le roman de Jules Renard ?

105. Qui a une voiture rouge ?

106. Quel mot désigne à la fois une fleur et une couleur ?

107. Comment appelle-t-on l'ecchymose consécutive à un coup ?

108. Quelles sont les trois principales couleurs du vin ?

109. La roséole est-elle :
– un saucisson,
– une petite rose,
– une maladie ?

110. Quelle couleur symbolise la pureté ?

111. Un café vert est-il :
- un café à la menthe,
- un café dont les grains ne sont pas encore torréfiés,
- un café froid ?

---

112. Que signifie l'expression : « Envoyer quelqu'un sur les roses » :
- l'envoyer à la campagne pour qu'il reprenne des couleurs,
- le repousser avec rudesse,
- l'endormir ?

---

113. Quel vote exprime-t-on lorsqu'on met dans l'urne un bulletin blanc ?

---

114. Que signifie l'expression : « Avoir un cœur d'or » ?

---

115. Quel est l'arbuste dont les baies servent à faire une liqueur ? (Il porte le même nom qu'une ville des Bouches-du-Rhône.)

---

116. Si l'on dit : « Blanc ! » à quelqu'un qui a l'esprit de contradiction, que répond-il ?

---

117. La couleur lie-de-vin est-elle :
– rouge violacé,
– noir,
– bleu foncé ?

---

118. Que développe-t-on dans une chambre noire ?

---

119. Quelles sont les deux couleurs de la ville de Paris ?

---

120. Quelle est la couleur du drapeau des partis révolutionnaires ?

---

121. Quelle est l'expression qui signifie : « Changer d'avis d'un instant à l'autre » :
– voir la vie en rose,
– dire tantôt blanc, tantôt noir,
– n'y voir que du bleu ?

---

122. Quand on est très en colère, comment se fâche-t-on :
– tout rouge,
– tout jaune,
– tout vert ?

123. Que signifie l'expression : « Avoir les ongles en deuil » ?

---

124. Comment appelle-t-on le pantalon de toile très solide, à l'origine de couleur bleue ?

---

125. Un rouge-queue est-il :
– une poêle à frire,
– un oiseau,
– un dragon ?

---

126. Qu'a-t-on fait à un tissu lorsqu'on l'a roussi ?

---

127. Quel est le nom de la maladie caractérisée par une éruption de taches rouges sur la peau ?

---

128. De quelle couleur est une olive mûre ?

---

129. Une couleur terreuse est-elle :
– marron,
– terne,
– vive ?

---

130. Est-ce qu'on atteint sa cible lorsqu'on tire à blanc ?

---

131. Les cheveux « poivre et sel » sont-ils :
- très blancs,
- grisonnants,
- épais ?

---

132. Que signifie l'expression « à la brune » :
- à la fin du jour,
- à la ville,
- par une nuit sans lune ?

---

133. Quelles clochettes blanches offre-t-on le 1er Mai ?

---

134. De quelle couleur est la crête du coq ?

---

135. A quoi joue-t-on sur une tablette carrée divisée en cent cases noires et blanches ?

---

136. De quelle couleur sont les fleurs de pommier ?

---

137. Qui est rouge et très apprécié du loup dans un conte de Perrault ?

---

138. Comment s'appelle le fromage fait de lait caillé non fermenté ?

139. Qu'est-ce qui est aussi une couleur et qui, selon l'expression, « ne fait pas le bonheur » ?

140. Quand il n'est pas jaune, de quelle couleur est le citron ?

141. De quelle couleur sont les voitures des postes ?

142. Quelle est la mer qu'on appelle « la grande bleue » ?

143. Quelle couleur attribue-t-on à un humour féroce, macabre et plaisant à la fois ?

144. Quelqu'un qui est « connu comme le loup blanc » est-t-il :
– célèbre pour sa méchanceté,
– connu de tous,
– réputé solitaire ?

145. Est-ce qu'on voit rouge :
– lorsqu'on a bu trop de vin,
– lorsqu'on a l'œil enflammé,
– lorsqu'on est très irrité ?

---

146. De quelle couleur sont les fleurs de cerisier ?

---

147. Que signifie l'expression : « Noircir une situation » :
– la raconter par écrit,
– la dessiner,
– la faire voir sous un jour défavorable ?

---

148. Comment appelle-t-on le serin jaune des îles Canaries ?

---

149. Qui porte généralement un gros nez rond et rouge ?

---

150. Que peut-on faire avec une carte bleue :
– voyager en bateau,
– retirer de l'argent,
– aller à la piscine ?

---

151. De quelqu'un qui devient extrêmement rouge (sous le coup d'une émotion ou d'un effort), on dit qu'il est rouge comme un animal. Lequel ?

---

152. Lorsqu'une émission de télévision est déconseillée aux enfants ou aux personnes sensibles, qu'y a-t-il en bas, à droite de l'écran ?

---

153. Que signifie l'expression : « Avoir la main verte » :
– avoir la main couverte de verrues,
– faire les travaux des champs,
– être habile à faire pousser les plantes ?

---

154. « Donner carte blanche à quelqu'un », est-ce :
– lui laisser tous pouvoirs,
– ne pas lui révéler un secret,
– ne pas lui donner de souci ?

---

155. De quelle couleur est la longue robe des avocats ?

---

156. Quelle était la couleur du bonnet phrygien adopté par les Républicains lors de la Révolution française ?

157. Dans quelle ville d'U.R.S.S. se trouve la place Rouge ?

158. Si, en cuisine, un steak n'est ni à point, ni bien cuit, comment est-il ?

159. Le plumage de la pie est de deux couleurs. Lesquelles ?

160. Au cours des carnavals et des fêtes, il tombe quelquefois une pluie de toutes les couleurs. De quoi est-elle faite ?

161. Que signifie l'expression populaire :
« Tu veux un coup de rouge ? » :
– tu veux un coup de poing,
– tu veux un verre de vin rouge,
– tu veux prendre un coup de soleil ?

162. Comment appelle-t-on les blancs d'œufs battus :
– des œufs martyrs,
– des œufs à la coque,
– des œufs à la neige ?

163. Quel est le rose le plus sucré ?

---

164. Quelle est la couleur de la ceinture des meilleurs judokas ?

---

165. Il est vêtu de vert et vole dans le ciel avec la fée Clochette. Qui est-ce ?

---

166. Selon l'expression, lorsqu'on rougit beaucoup, on est rouge comme un fruit. Lequel ?

---

167. Comment appelle-t-on la côte méditerranéenne, de Cassis à la frontière italienne ?

---

168. Qu'est-ce qu'un endroit « noir de monde » ?

---

169. Quelle est la boisson qui peut-être blonde ou brune ?

---

170. Selon l'expression, de quelle couleur sont tous les chats, la nuit ?

---

171. Comment appelle-t-on, en cuisine, la chair blanche de la poitrine des volailles cuites ?

172. Que signifie l'expression : « Etre la bête noire de quelqu'un » :
– être son meilleur ami,
– être l'objet de son aversion,
– être son cousin éloigné ?

---

173. Dans une compétition, qui est la lanterne rouge :
– celui qui arrive le premier,
– celui qui arrive le dernier,
– celui qui n'arrive jamais ?

---

174. De quelle couleur sont les perce-neige ?

---

175. Un temps gris est-il :
– un temps brumeux,
– un temps pluvieux,
– un temps mort ?

---

176. Comment appelle-t-on une truite dont la chair est rose comme celle du saumon ?

---

177. Que signifie l'expression : « Avoir des couleurs » :
– être habillé de toutes les couleurs,
– avoir un air de bonne santé,
– avoir de drôles d'idées ?

---

178. De quelle couleur sont les cheveux d'ébène ?

---

179. Comment les Indiens d'Amérique appelaient-ils les Blancs ?

---

180. La roussette est-elle :
– une petite fille rousse,
– un poisson,
– une teinture ?

---

181. Que dit-on du ciel qui se couvre de petits nuages blancs :
– qu'il pâlit,
– qu'il moutonne,
– qu'il se poudre ?

---

182. Quand rougit-on de sa conduite :
– lorsqu'on a chaud,
– lorsqu'on a honte,
– lorsqu'on est en colère ?

QUESTIONS **ROUGES**

1. Comment appelle-t-on le directeur de pont qui autorise les avions à décoller sur un porte-avions :
– un chien jaune,
– une baleine bleue,
– un loup blanc ?

---

2. Qu'est-ce qu'une arme blanche ?

---

3. Qui a publié, en 1830, *Le Rouge et le Noir* :
– Victor Hugo,
– Alexandre Dumas,
– Stendhal ?

---

4. Quelle est la maladie qui donne à la peau une certaine couleur et dont le terme médical est « ictère » ?

---

5. De quelle couleur sont les maillots de l'équipe de football de l'Olympique de Marseille, championne de France en 1989 ?

---

6. Quel est l'autre nom du vif-argent, métal brillant comme de l'argent ?

---

7. Quelle couleur obtient-on en mélangeant du bleu et du rouge ?

---

8. Qu'est-ce qu'un blanc-bec ?

---

9. Comment s'appelle la mer située au nord de la mer de Chine, entre la Chine et la presqu'île de Corée ?

---

10. Au bout de combien d'années de mariage fête-t-on ses noces d'or :
    - dix,
    - vingt-cinq,
    - cinquante ?

---

11. Que signifie le carton rouge que l'arbitre brandit quelquefois sur un terrain de foot :
    – on ferme, rentrez chez vous,
    – expulsion immédiate du joueur à qui il s'adresse,
    – changement de joueur ?

---

12. Quelles sont les deux couleurs qu'un daltonien confond principalement ?

---

13. Quelle est la couleur du rubis ?

---

14. Le rougeâtre est-il :
    – un coucher de soleil sur la ville,
    – un champignon comestible,
    – un oiseau de nuit ?

---

15. Quelle couleur obtient-on en mélangeant du jaune, du bleu et du rouge ?

---

16. Que signifie l'expression : « Faire grise mine » :
– tomber malade,
– avoir un air déplaisant,
– tailler un crayon ?

---

17. Quelle était la couleur du deuil à la cour des rois de France ?

---

18. Si la parole est d'argent, comment est le silence ?

---

19. Comment est la robe d'un cheval pommelé ?

---

20. Comment appelle-t-on la couleur du visage ?

---

21. En musique, qu'est-ce qui vaut deux noires ?

---

22. Comment appelle-t-on une truite cuite au court-bouillon ?

---

23. Quel est le nom du livre où signent des personnages célèbres ?

---

24. Comment appelle-t-on un ouvrier qui travaille quand ses camarades font grève ?

---

25. De quelle couleur est le képi des légionnaires ?

---

26. Quelle peinture obtient-on en délayant des couleurs avec de la gomme et en les rendant pâteuses grâce à du miel ou à une autre substance ?

---

27. Quelle couleur obtient-on en mélangeant du jaune et du bleu ?

---

28. Quel est le nom des petites fleurs bleues, blanches ou roses appelées aussi « Ne m'oubliez pas » ?

---

29. Les encres sympathiques sont-elles :
   – des encres qu'on a plaisir à utiliser,
   – des encres de couleurs vives,
   – des encres invisibles ?

30. Le blanc de blanc est-il :
– une lessive,
– un vin,
– un pic enneigé ?

---

31. Une sanguine est-elle :
– un crayon,
– une orange ?

---

32. Quel était le nom d'un des plus grands chefs indiens Sioux :
– Nuage rouge,
– Bison noir,
– Blanc bleu ?

---

33. A l'arrivée de quelles courses agite-t-on un drapeau en damier noir et blanc :
– les courses automobiles,
– les courses de chevaux,
– les courses de patins à roulettes ?

---

34. Comment appelait-on le petit morceau de taffetas noir que les dames se mettaient sur le visage pour imiter un grain de beauté ?

---

35. De quelle couleur est la robe d'un cheval bai :
– blanche,
– brun rouge,
– noire ?

---

36. Comment s'appelle le rouge éclatant fourni par la cochenille ?

---

37. Un théâtre de verdure est-il :
– un théâtre tout vert,
– un théâtre en bois,
– un théâtre de plein air ?

---

38. Le jaune et le rouge sont des couleurs primaires qui ne résultent d'aucun mélange. Quelle est la troisième couleur primaire ?

---

39. Quel est l'animal dont le pelage devient blanc en hiver, avec le bout de la queue noire ?

---

40. En musique, combien une ronde vaut-elle de noires ?

---

41. Quel est le surnom que donnent les militaires à une nouvelle recrue ?

---

42. Quelle couleur le mot anglais « auburn » désigne-t-il :
– un jaune paille,
– un châtain roux,
– un bleu azur ?

---

43. Comment s'appelle la teinture brune de menuisier faite avec l'enveloppe verte des noix ?

---

44. Quelle planète appelle-t-on « la planète rouge » ?

---

45. Comment appelle-t-on un tableau où l'on n'emploie qu'une couleur avec des tons différents ?

---

46. Au XVIIIe siècle, les uniformes de la maison du roi de France étaient d'un bleu vif. Depuis, ce bleu porte un nom. Lequel ?

---

47. Comment s'appelle la membrane rouge et plissée qui pend sous le bec du dindon ?

---

48. Qu'étaient les reines blanches, en France :
– des reines sans enfants,
– des reines qui n'avaient aucun pouvoir,
– des reines veuves ?

---

49. Que signifie le carton jaune que brandit quelquefois l'arbitre sur un terrain de football :
– pause café,
– avertissement pour le joueur à qui il s'adresse,
– arrêt de jeu ?

---

50. Comment appelle-t-on la tache rougeâtre qu'on peut avoir à la naissance, sur le visage ou sur le corps ?

---

51. De quelle couleur sont les fleurs d'oranger ?

---

52. Quelles sont les fleurs qui gardent très longtemps leur couleur ?

---

53. Comment appelle-t-on le marché clandestin qui s'exerce en période de rationnement ?

---

54. L'armée Rouge est-elle :
– l'armée soviétique,
– une armée indienne,
– un corps de pompiers ?

---

55. Quelle est la « couleur » d'une vive réprimande ?

---

56. Quel est le nom de l'avion à bord duquel les Français Nungesser et Coli ont traversé l'Atlantique en 1927 : – l'*Aigle Bleu* ou l'*Oiseau Blanc* ?

57. Que signifie le mot hindi « kaki » :
– couleur de lune,
– couleur de poussière,
– couleur d'eau ?

---

58. La pierre d'azur est-elle :
– un lapis-lazuli,
– une montagne bleue,
– un galet ?

---

59. Comment appelle-t-on l'ocre brune utilisée en peinture ?

---

60. Quel est le nom du schiste argileux de couleur grise qui sert à couvrir les édifices ?

---

61. Quelle est la « fourmi blanche » qui aime le bois ?

---

62. Que signifie l'expression : « Etre gris » :
– être endormi,
– être de mauvaise humeur,
– être à moitié ivre ?

---

63. Comment blanchit-on les légumes ?

---

64. Comment s'appelle l'oxyde d'un brun roux qui altère les objets en fer exposés à l'air humide ?

---

65. Quelle est la particularité des yeux vairons ?

---

66. Quel est le proverbe qui dit que chacun est libre d'avoir ses préférences ?

---

67. Qu'est-ce qu'un mal blanc ?

---

68. Quel est le nom du liquide noirâtre sécrété par la seiche, avec lequel on fabriquait une matière colorante employée dans les dessins, les lavis ?

---

69. Que signifie le nom du groupe de pop music, les « Pink Floyd » ?

---

70. Quel est le nom de la matière colorante bleue fournie par l'indigotier ?

71. Quel mot désigne à la fois une couleur et un cigare ?

72. En charcuterie, qu'est-ce qui est fait avec du lait et des viandes blanches ?

73. Quel est le mot qui désigne à la fois une couleur orangée et une épice ?

74. Quel est le nom de la plus célèbre valse de Johann Strauss ?

75. Comment appelait-on, dans l'Antiquité, la grande pièce d'étoffe blanche dans laquelle les Romains se drapaient ?

76. La tanche est un poisson de quelle couleur :
– jaune,
– vert doré,
– rouge ?

---

77. Qu'est-ce que le blé noir ?

---

78. « Faire chou blanc » signifie : « Faire un coup nul ».
A quel jeu cette expression a-t-elle été empruntée ?

---

79. Un bas-bleu est-il :
– un bas de laine dans lequel on cache ses économies,
– une femme pédante à prétentions littéraires,
– une femme soigneuse ?

---

80. Le jaunet est-il :
– une pièce d'or,
– un lutin,
– un oiseau ?

---

81. Comment s'appellent les fruits verts ou noirs qui ont donné leur nom aux objets ou ornements ayant leur forme ?

---

82. Quel est le nom de la poudre rouge ou jaune utilisée surtout pour la teinture des cheveux, fournie par un arbuste des régions tropicales ?

---

83. Le rouget est-il :
– un poisson marin de couleur rouge,
– un alcool de fruits rouges,
– une salade de tomates ?

---

84. Comment appelle-t-on la couleur de la chair d'une personne ?

---

85. Le chasselas est une variété de cépage qui produit du raisin de quelle couleur ?

86. De quelle couleur est la mouche de la viande ?

---

87. « Brunir l'or », est-ce :
– dissimuler sa couleur,
– le chauffer,
– le polir en le frottant ?

---

88. La houille blanche est-elle une énergie fournie par :
– le soleil,
– les chutes d'eau,
– une roche ?

---

89. Quelle est la pierre de couleur verdâtre qui passait pour guérir les coliques néphrétiques :
– le marbre,
– le jade,
– l'agate ?

---

90. Quelle est la couleur du jais ?

---

91. Comment appelle-t-on, en peinture, un tableau où dominent des verts trop crus :
– une salade composée,
– un plat d'épinards,
– une courgette farcie ?

---

92. Quelle est la station du métro parisien la moins colorée ?

---

93. Le plus long fleuve de Chine (5 980 km) porte le nom d'une couleur.
Comment s'appelle-t-il ?

---

94. Comment s'appelle l'appareil enregistreur placé à bord d'un avion qui permet, lors d'un accident, d'en reconstituer les conditions ?

---

95. Qui surnomme-t-on les « Verts », en politique ?

---

96. De quelle couleur sont les taxis à New York ?

---

97. Qu'est-ce que la marée noire ?

---

98. Quelle ville du département de la Haute-Garonne surnomme-t-on « la ville rose » ?

---

99. Comment s'appellent les crayons (qui ressemblent un peu à des craies) faits de couleurs pulvérisées et agglomérées ?

---

100. La dame-blanche est-elle :
– une sauterelle,
– une diligence,
– un gâteau ?

---

101. Comment s'appelle l'organisation internationale fondée pour venir en aide aux victimes de la guerre ?

---

102. Comment appelle-t-on le littoral de la Manche, aux alentours de Dinard et de Saint-Malo ?
– la Côte d'Emeraude,
– la Côte d'Azur,
– la Côte-d'Or ?

---

103. Comment s'appelle le titre de propriété d'une automobile ?

---

104. De quelle couleur est l'améthyste ?

---

105. Le chapeau rouge est-il :
– une casquette de général,
– un chapeau de cardinal,
– un béret de marin ?

---

106. Comment s'appelle la substance blanche que l'on trouve dans certains végétaux (blé, pomme de terre, riz) ?

---

107. En musique, combien une noire vaut-elle de croches :
– quatre,
– une,
– deux ?

---

108. De quelle couleur est le vin de paille ?

---

109. Le gris-gris est-il :
– un costume gris,
– un insecte qui ne sort que la nuit,
– une amulette ?

---

110. Quelles sont les trois couleurs du drapeau italien ?

---

111. Une laine beige est-elle :
– une laine qui a sa couleur naturelle,
– une laine teintée,
– une laine épaisse ?

---

112. De quelle couleur était le pantalon du fantassin français, jusqu'en 1914 ?

---

113. Si je descends à « Château Rouge », je suis loin de « Chemin Vert ». Mais où suis-je :
– dans un jeu de l'oie,
– dans le métro parisien,
– dans un itinéraire de « Bison Futé » ?

---

114. De quelle couleur est la croix qui figure sur le drapeau suisse ?

115. Dans la signalisation routière, que signifie le panneau rond, blanc et bordé de rouge :
– interdit aux voitures blanches,
– interdit aux poids lourds,
– interdit à tous véhicules ?

---

116. C'est une petite cerise rouge très acide. Quel est son nom ?

---

117. Qu'est-ce que le vermeil ?

---

118. Les Blanc-Manteaux sont-ils :
– des religieux,
– des hors-la-loi,
– des médecins ?

---

119. Comment appelle-t-on le dépôt verdâtre qui se forme, à l'humidité, sur le cuivre et le bronze ?

---

120. Quelle partie de son corps l'homme utilise-t-il pour faire travailler sa matière grise ?

---

121. L'autoroute Genève-Mont-Blanc s'appelle-t-elle :
– Blanche,
– Grisette,
– Verte ?

---

122. Comment appelle-t-on le littoral de l'Atlantique, compris entre la Gironde et la frontière espagnole ?
– la Côte d'Emeraude,
– la Côte d'Argent,
– la Côte d'Azur ?

---

123. Où se trouve L'Ile-Rousse :
– en Bretagne,
– en Corse,
– en Vendée ?

---

124. En signalisation maritime, que signifie le pavillon bleu avec un rectangle blanc au milieu :
– venez prendre un verre,
– remorquez-moi jusqu'au port,
– je coule ?

---

125. De quelle couleur est la craie dont se servent les joueurs de billard pour frotter le procédé de la queue ?

---

126. Qui porte un bleu de chauffe ?

---

127. Comment appelle-t-on, dans les villes, les squares, jardins et parcs ?

---

128. Quel nom donnait-on autrefois aux mousquetaires habillés de rouge :
– les « chaperons rouges »,
– les « coquelicots »,
– les « enfants rouges » ?

---

129. Que signifie l'expression : « En entendre des vertes et des pas mûres » :
– parler jardinage,
– entendre des choses choquantes, scandaleuses,
– entendre des chuchotements ?

---

130. Quel est l'oiseau noir et blanc que l'on dirait vêtu d'un smoking ?

---

131. Qu'est-ce qu'un cheval pie ?

---

132. Les Impressionnistes sont-ils :
– des prestidigitateurs,
– des imprimeurs,
– des peintres ?

---

133. Comment appelle-t-on une personne de race blanche née dans les anciennes colonies européennes (Antilles, Réunion, etc.) ?

---

134. Ce métal blanc est le meilleur conducteur de l'électricité. Quel est son nom ?

---

135. Sur quel drapeau figurent un anneau bleu, un anneau noir, un anneau rouge, un anneau jaune et un anneau vert ?

---

136. Quel est l'oiseau qui a un « col-vert » ?

---

137. Comment appelle-t-on, dans les grandes villes, la zone où la durée de stationnement des automobiles est limitée ?

---

138. Comment appelle-t-on les Français d'Algérie ?

---

139. Comment appelle-t-on les grosses crevettes roses :
– des bouquets,
– des rosettes,
– des roses de mer ?

---

140. Que signifie l'expression : « Se faire payer au noir » ?

---

141. De quelle couleur est le permis de conduire ?

---

142. En signalisation maritime, que signifie le pavillon rayé de jaune et de bleu ?

143. Des couleurs délicates qui ne fatiguent pas la vue, sont-elles :
– des couleurs passées,
– des couleurs tendres,
– des couleurs floues ?

---

144. Que signifie l'expression : « Avoir du sang bleu » :
– être malade,
– être métis,
– avoir du sang noble ?

---

145. Combien y a-t-il de boules rouges dans le jeu de billard ?

---

146. Comment appelle-t-on une personne dont la peau et les poils sont blancs, et les yeux roses ?

---

147. Lorsqu'un pape a été élu, de quelle couleur est la fumée, au-dessus de la basilique Saint-Pierre de Rome ?

---

148. Comment appelle-t-on les petites raies blanchâtres qui sillonnent une peau qui a été très distendue ?

---

149. Comment s'appelle le héros du « *Lotus Bleu* » ?

---

150. Une voix blanche est-elle :
– une voix sans timbre,
– une voix grave,
– une voix secondaire ?

---

151. Le vin du Jura (Château-Chalon) est-il :
– un vin rosé,
– un vin rouge,
– un vin jaune ?

---

152. Le « White-Album » (album blanc) est un disque de quel groupe :
– les Rolling Stones,
– Pink Floyd,
– les Beatles ?

---

153. Dans quel pays le holi est-il la fête des couleurs :
– en Amérique,
– en U.R.S.S.,
– en Inde ?

---

154. Les Brigades rouges sont-elles :
– des guerriers peaux-rouges,
– des pompiers d'élite,
– un groupe terroriste italien ?

---

155. Comment appelle-t-on la larve du hanneton :
– un point noir,
– un ver blanc,
– un petit-gris ?

---

156. Un assemblage de diverses couleurs est-il :
– un gribouillage,
– un bariolage,
– un griffonnage ?

---

157. Comment s'appelle la pièce de flanelle rouge dont se sert le matador dans les courses de taureaux, pour exciter la bête ?

---

158. Quelle est la couleur des pages de l'annuaire des P.T.T. donnant des adresses utiles (mairies, plombiers, etc.) ?

---

159. Quel est le nom courant du cyprin doré ?

---

160. Que signifie l'expression : « Etre nourri et blanchi » :
– manger et prendre un bain,
– se voir fournir la nourriture et le blanchissage,
– se nourrir de fromage blanc ?

---

161. Quel est le pays d'origine de la pierre bleue appelée turquoise ?

---

162. Un tissu délavé est-il :
– un tissu dont la couleur s'est affaiblie,
– un tissu de couleur vive,
– un tissu dont la couleur s'efface au contact de l'eau ?

---

163. Comment appelle-t-on un chèque signé sur lequel n'est inscrit aucune somme ?

---

164. Comment s'appelle le littoral méditerranéen, de Collioure à la frontière espagnole ?
– la Côte d'Emeraude,
– la Côte Vermeille,
– la Côte-d'Or ?

---

165. Une comédie de Marcel Pagnol et une pierre fine de couleur jaune portent le même nom. Lequel ?

---

166. Un « merle blanc » est-il :
– un oiseau déplumé,
– une personne mystérieuse,
– une personne ou un objet très rare ?

---

167. Qu'est-ce que le « billet vert » ?

---

168. Le bois de rose est-il :
- le bois d'un rosier sauvage,
- un bois de couleur rosée utilisé en ébénisterie,
- un parfum ?

169. Quelle boisson appelait-on « la fée aux yeux verts » :
– le champagne,
– l'absinthe,
– la menthe à l'eau ?

---

170. De quelle couleur était, autrefois, le bonnet des forçats condamnés à perpétuité ?

---

171. Quel est le mot qui désigne à la fois une couleur blanche tirant légèrement sur le jaune, et la matière grasse du lait dont on fait le beurre ?

---

172. De quelle couleur est le pelage du chat chartreux ?

---

173. La couleur locale est-elle :
– la couleur principale d'un lieu,
– l'ensemble des traits extérieurs caractérisant les personnes et les choses dans un temps, dans un lieu donné,
– la carte d'une région ?

---

174. La « Verte Erin » est-il le nom poétique :
– de la Suède,
– de la Norvège,
– de l'Irlande ?

---

175. Que signifie l'expression : « Chauffer à blanc » ?

---

176. Qu'est-ce que la « saison du blanc » ?

---

177. Quel est le nom de la mer bordière de l'extrémité nord-ouest de l'U.R.S.S. pouvant être considérée comme une partie de la mer de Barents :
– la mer Bleue,
– la mer Noire,
– la mer Blanche ?

---

178. De quelle couleur sont les panneaux sur les autoroutes ?

---

179. « Le sous-marin jaune » est-il :
– une arme nucléaire,
– une chanson des Beatles,
– un monstre marin ?

---

180. Que signifie l'expression populaire : « Prendre un marron » ?

---

181. Quelle est la couleur qui revient le plus sur les drapeaux du monde entier ?

---

182. Comment appelle-t-on l'appareil qui sert à doser les substances colorantes d'un liquide :
– un colorimètre,
– un colorant,
– un coloriste ?

---

183. Qu'est-ce qu'un marchand de couleurs :
– un marchand de farces et attrapes,
– un teinturier,
– un droguiste ?

RÉPONSES AUX QUESTIONS
VERTES

1. L'orange.
2. Une bonne cuisinière.
3. Blanche-Neige.
4. Bleu, blanc, rouge.
5. Les Schtroumpfs.
6. L'optimiste.
7. Une mariée.
8. Un arc-en-ciel.
9. Innocent.
10. Un fruit. (Celui du marronnier d'Inde.)
11. Du boudin.
12. La chlorophylle.
13. Rose.
14. Rouge. (C'est du bœuf.)
15. Aller à la campagne.
16. Des Indiens d'Amérique du Nord. (Ils se teignaient le visage en ocre.)
17. L'écume.
18. Noire.
19. Une palette.
20. Verte.
21. Un film (de Luc Besson).
22. Il y a des globules blancs et des globules rouges.

23. Jaune.
24. Le jaune.
25. Ils sont verts (comme au printemps, en été et en hiver).
26. Un moustique.
27. Rouge.
28. Avoir la nausée.
29. Arlequin.
30. Verte.
31. Des taches de rousseur.
32. L'émail.
33. Zorro.
34. Une rosette.
35. Ils sont noirs.
36. Un vêtement de travail. (Celui des mécaniciens.)
37. Le feu vert.
38. Noire.
39. Un rire forcé.
40. Bleue.
41. Sur un piano.
42. Le vert.
43. Noires.
44. Une fleur jaune.
45. Un roman policier.
46. Rouge.
47. Les pervenches.
48. Une châtaigne confite dans du sucre.

49. Un écureuil. (C'est aussi un escargot !)
50. Le caméléon.
51. Le coquelicot.
52. Avec un pinceau.
53. Rester éveillé toute la nuit.
54. Un cap.
55. Du rouge à lèvres.
56. L'épinard.
57. Un juron.
58. Le rouge-gorge.
59. Le café.
60. Un teint pâle.
61. Rouge.
62. Johnny Hallyday.
63. Blanche.
64. Le Père Noël.
65. Le bleu marine.
66. Des étoffes écossaises.
67. Le regarder bien en face.
68. L'argot.
69. Un homme aux cheveux roux.
70. Un bleu azur.
71. L'or.
72. Le mont Blanc. (4 808 m.)
73. Le dire brusquement, sans ménagement.
74. Oui. (Famille des picidés.)
75. Blanc.

76. Peau d'âne.
77. La piste noire.
78. Orange.
79. Les flamants roses.
80. Le compteur bleu.
81. La menthe à l'eau.
82. Le soleil (il nous bronze).
83. Le noir.
84. Saumon.
85. Une méthode pour les débutants au piano.
86. Rouge.
87. Gris (comme du plomb).
88. La blanquette de veau.
89. La Forêt-Noire (en Allemagne).
90. Sens interdit.
91. Barbe-Bleue.
92. Kaki.
93. On le fait fondre dans une poêle et on le laisse noircir.
94. L'écrevisse.
95. La carte orange.
96. Noir.
97. Le cachalot. (L'ambre gris provient de ses concrétions biliaires.)
98. Le noir.
99. Un fromage.
100. Ecrire.
101. Vert.

102. Un vin ordinaire.
103. L'émeraude.
104. Roux.
105. Le pompier.
106. Rose.
107. Un bleu.
108. Rouge, blanc, rosé.
109. Une maladie. (C'est une éruption de taches rosées.)
110. Le blanc.
111. Un café dont les grains ne sont pas encore torréfiés.
112. Le repousser avec rudesse.
113. Aucun. (Le vote est nul.)
114. Avoir bon cœur.
115. Le cassis.
116. « Noir ! ».
117. Rouge violacé.
118. Une pellicule photo.
119. Le bleu et le rouge.
120. Rouge.
121. Dire tantôt blanc, tantôt noir.
122. Tout rouge.
123. Avoir les ongles bordés de noir (sales).
124. Un blue-jean.
125. Un oiseau.
126. On l'a légèrement brûlé.
127. La rougeole.
128. Noire.

129. Terne.
130. Non, car on tire en utilisant une cartouche sans projectile.
131. Grisonnants.
132. A la fin du jour.
133. Les clochettes du muguet.
134. Rouge.
135. Aux dames.
136. Roses.
137. Le Petit Chaperon rouge.
138. Le fromage blanc.
139. L'argent.
140. Vert.
141. Elles sont jaunes.
142. La mer Méditerranée.
143. Le noir. (L'humour noir.)
144. Connu de tous.
145. Lorsqu'on est très irrité.
146. Blanches.
147. La faire voir sous un jour défavorable.
148. Un canari.
149. Le clown.
150. Retirer de l'argent (dans les distributeurs automatiques de billets).
151. Le coq.
152. Un carré blanc.
153. Etre habile à faire pousser les plantes.
154. Lui laisser tous pouvoirs.
155. Noire.

156. Rouge.
157. Moscou.
158. Bleu. (Très saignant, à peine grillé.)
159. Noir et blanc.
160. De confettis.
161. Tu veux un verre de vin rouge.
162. Des œufs à la neige.
163. Le rose bonbon.
164. Noire.
165. Peter Pan.
166. La tomate.
167. La Côte d'Azur.
168. Un endroit plein de gens.
169. La bière.
170. Gris.
171. Le blanc.
172. Etre l'objet de son aversion.
173. Celui qui arrive le dernier.
174. Blancs.
175. Un temps brumeux.
176. Une truite saumonée.
177. Avoir un air de bonne santé.
178. Très noirs.
179. Les Visages pâles.
180. Un poisson.
181. Qu'il moutonne.
182. Lorsqu'on a honte.

RÉPONSES AUX QUESTIONS **ROUGES**

1. Un chien jaune.
2. Une arme à lame : sabre, épée, poignard. (Par opposition aux armes à feu : pistolet, revolver, etc.)
3. Stendhal.
4. La jaunisse.
5. Blancs. (le nom du sponsor est écrit en bleu.)
6. Le mercure.
7. Du violet.
8. Un jeune homme sans expérience et sûr de soi.
9. La mer Jaune.
10. Cinquante.
11. Expulsion immédiate du joueur à qui il s'adresse.
12. Le rouge et le vert.
13. Rouge.
14. Un champignon comestible (appelé aussi amanite rougissante).
15. Du marron.
16. Avoir un air déplaisant.
17. Le blanc.
18. D'or : « La parole est d'argent mais le silence est d'or. »

19. Elle est couverte de taches rondes grises ou blanches.
20. Le teint.
21. La blanche.
22. Une truite au bleu.
23. Un livre d'or.
24. Un jaune.
25. Blanc.
26. La gouache.
27. Du vert.
28. Les myosotis.
29. Des encres invisibles.
30. Un vin blanc. (Il est fait uniquement avec du raisin blanc.)
31. Les deux. (Une sanguine est une orange à la chair couleur de sang. La sanguine est un crayon pour dessiner, fait avec de l'hématite rouge.)
32. Nuage rouge (Red Cloud).
33. Les courses automobiles.
34. Une mouche.
35. Brun rouge.
36. Le carmin.
37. Un théâtre de plein air.
38. Le bleu.
39. L'hermine.
40. Quatre.
41. Un bleu.
42. Un châtain roux.

43. Le brou (de noix).
44. Mars.
45. Un camaïeu.
46. Le bleu roi.
47. Une fraise.
48. Des reines veuves. (Elles portaient le deuil en blanc.)
49. Avertissement pour le joueur à qui il s'adresse. (Au bout de trois, il est expulsé du terrain.)
50. Une tache de vin.
51. Blanches.
52. Les immortelles.
53. Le marché noir.
54. L'armée soviétique (de 1918 à 1946).
55. Verte. (Selon l'expression : « une verte réprimande ».)
56. L'*Oiseau Blanc*.
57. Couleur de poussière.
58. Un lapis-lazuli.
59. Terre de Sienne.
60. L'ardoise.
61. Le termite, usuellement appelé « fourmi blanche ».
62. Etre à moitié ivre.
63. On les plonge dans l'eau bouillante.
64. La rouille.
65. Ils ne sont pas de la même couleur.

66. « Des goûts et des couleurs on ne dispute point. »
67. Un panaris.
68. La sépia.
69. Les « Flamants Roses ».
70. L'indigo.
71. Havane (marron clair).
72. Le boudin blanc.
73. Safran.
74. *Le Beau Danube bleu* (1867).
75. Une toge.
76. Vert doré.
77. Du sarrasin.
78. Au jeu de boules. (On l'applique au joueur qui n'abat rien.)
79. Une femme pédante, à prétentions littéraires.
80. Une pièce d'or.
81. Les olives.
82. Le henné.
83. Un poisson marin de couleur rouge.
84. La carnation.
85. Du raisin blanc de table.
86. Bleue.
87. Le polir en le frottant.
88. Les chutes d'eau.
89. Le jade.
90. Noir brillant.

91. Un plat d'épinards.
92. Blanche.
93. Le fleuve Bleu (ou Yang-tsé-kiang).
94. La boîte noire.
95. Les écologistes.
96. Jaunes.
97. C'est la pollution des côtes par du pétrole (provenant par exemple d'un pétrolier accidenté.)
98. Toulouse (à cause de ses nombreux murs de brique rose).
99. Les pastels.
100. Une diligence à deux compartiments de couleur blanchâtre, en usage vers 1830.
101. La Croix-Rouge.
102. La Côte d'Emeraude.
103. La carte grise.
104. Violette.
105. Un chapeau de cardinal.
106. L'amidon.
107. Deux.
108. Blanc. (Il est fait de raisins mûris sur la paille.)
109. Une amulette.
110. Vert, blanc, rouge (bandes verticales).
111. Une laine qui a sa couleur naturelle.
112. Rouge.
113. Dans le métro parisien. (Ce sont des

stations.)

114. Blanche (sur fond rouge).
115. Interdit à tous véhicules.
116. La griotte.
117. De l'argent recouvert d'or.
118. Des religieux.
119. Le vert-de-gris.
120. Son cerveau.
121. Blanche.
122. La Côte d'Argent.
123. En Corse.
124. Remorquez-moi jusqu'au port.
125. Bleue.
126. Un chauffeur. (C'est une combinaison d'homme.)
127. Des espaces verts.
128. Les enfants rouges.
129. Entendre des choses choquantes, scandaleuses.
130. Le pingouin.
131. Un cheval à robe noire et blanche, ou fauve et blanche.
132. Des peintres (Monet, Manet, Pissarro, Sisley, Renoir, etc.)
133. Un, une créole.
134. L'argent.
135. Sur le drapeau des jeux Olympiques. (Les cinq anneaux représentent les cinq continents.)

136. Le canard. (Le col-vert est le plus commun des canards sauvages.)
137. La zone bleue.
138. Les pieds-noirs.
139. Des bouquets.
140. Se faire payer de la main à la main. (Sans avoir à supporter les charges sociales légales et sans déclaration à l'Administration.)
141. Rose.
142. Je suis échoué, en situation dangereuse.
143. Des couleurs tendres.
144. Avoir du sang noble.
145. Une (et deux blanches).
146. Un albinos.
147. Blanche.
148. Des vergetures.
149. Tintin.
150. Une voix sans timbre.
151. Un vin jaune.
152. Les Beatles.
153. En Inde (Le holi est célébré le jour de la pleine lune de février-mars.)
154. Un groupe terroriste italien.
155. Un ver blanc.
156. Une bigarrure.
157. Une muleta.
158. Jaunes.
159. Le poisson rouge.

160. Se voir fournir la nourriture et le blanchissage.
161. La Perse. (Mais la turquoise transitait par la Turquie, d'où son nom.)
162. Un tissu dont la couleur s'est affaiblie.
163. Un chèque en blanc.
164. La Côte Vermeille.
165. Topaze.
166. Une personne ou un objet très rare.
167. Le dollar (USA).
168. Un bois de couleur rosée utilisé en ébénisterie.
169. L'absinthe.
170. Vert.
171. Crème.
172. Gris bleuâtre.
173. L'ensemble des traits extérieurs caractérisant les personnes et les choses dans un temps, dans un lieu donné.
174. De l'Irlande.
175. Chauffer jusqu'à amener la couleur blanche.
176. C'est la période de ventes promotionnelles de linge de maison pour stimuler les ventes après les fêtes de fin d'année.
177. La mer Blanche.
178. Bleus.
179. Une chanson des Beatles. (En anglais : *Yellow submarine*.)

180. Prendre un coup de poing.
181. Le rouge (ex : France, Afghanistan, Autriche, Belgique, Canada, Japon, Espagne, Maroc, Luxembourg, Turquie, etc.)
182. Un colorimètre.
183. Un droguiste.

junior poche loisirs

* MINI-MYSTÈRE,
  LE JEU DES 444 QUESTIONS
* MOTS CROISÉS-JEUX
* 400 DEVINETTES
  ET DES JEUX POUR S'AMUSER
* VRAI OU FAUX ?
* ASTUCE,
  LE GRAND JEU DES ASTUCIEUX
* SUPER CROCO,
  400 QUESTIONS SUR LES ANIMAUX
* SUPER SCORE, 330 QUESTIONS POCHE
* LE TOUR DE FRANCE EN 300 QUESTIONS
* MIAOU, LE LIVRE-JEU DU CHAT
* 365 DEVINETTES
  SUR LES PERSONNAGES CÉLÈBRES
* TOUS LES JOURS DE L'ANNÉE
  EN 365 DEVINETTES
* 50 JEUX POUR S'AMUSER EN VOYAGE
* LE TOUR DU MONDE EN 365 QUESTIONS
* 365 DEVINETTES SUR LE SPORT
* 50 TOURS ET JEUX DE CARTES
* 50 TOURS DE MAGIE
* 365 DEVINETTES DE TOUTES LES COULEURS
* 50 JEUX DE PLEIN AIR